Die Zoransky Familie

Johann Z. Kaspar

Der Autor Jahann Z. Kaspar ist ein Zoransky Nachkomme lebt in Berlin, Deutschland. Er ist Professor für Geschichte und ist verheiratet mit zwei Kindern.

(Geboren 1892 und gestorben im Jahre 1951), geändert 1952

Zoransky von Preußen

Kin von Friedrich Wilhelm

Stammbaum

Martin V Zoransky - Herzog

--- Hatte einen Sohn ---

Jacob Zoransky

--- Hatte vier bekannten Kinder ---

Jacob Zoranski 1864 - 1922
Victoria Zoranski unbekannt
John Zoranski 1857 - 1924
Franz Zoranski 1865

Herzog Bernhard Zoransky

Herzog Bernhard Zoransky wurde im Januar 30, 1773 geboren. Während er war eigentlich der zweite Sohn von Adelbert V. Zoransky und Nadetta Starhemberg, erbte er alle Rechte und Privilegien des ersten geboren, als sein Bruder starb nur wenige Tage nach der Geburt.
(Er heiratete Annamaria Fashingbauer 1794. Er starb am 22. Februar 1849.)

Quellen:
• Prawa, konstytucye y przywileie: Krolestwá Polskiego, y Wielkiego. Volume 5. Seite 902.
• Die gesetzlichen Eigentumsverhältnisse des Ehe Parteien: Probleme 34-36 von Isidor Loeb Seite 58
• preußischen Adel & Deutsch von Joseph Straszewicz 1835

Herzog Martin V. Zoransky

Herzog Martin Zoransky wurde am 3. August 1799 der erste Sohn von Herzog Bernhard Zoransky und Annamaria Fashingbauer geboren. Er soll von einem großzügigen Herzen gewesen sein und war überaus intelligent mit einem außergewöhnlichen Hang in Mathematik, Physik und Landwirtschaft. Er war scheu und ängstlich von der Natur und in einer arrangierten Ehe von seinen Eltern bei der Geburt vergebene gezwungen.

Herzog Martin Zoransky heiratete Victoria Lazninski 1822. Wurde sie kin Tomasz Lazninski (die ihren zweiten Vetter war) und die Tochter von Josef Junker Lazninski und Eva Krakowski, die als Tochter von Kazimierz Krakowski.

Victoria starb kurz nach der Geburt ihres ersten und einzigen Kindes, Jacob Zoransky 1825. Es war ein bitterer Kampf zwischen den Zoransky Lazninski und Familien in Bezug auf die nicht unerheblichen Mitgift Victoria in die Ehe gebracht. In der am Ende die meisten der Mitgift kehrte zurück zu der Familie Lazninski.

Martin Zoransky wurde von seinen Titel im Jahr 1834 während der Nadelverlusteabgezogen. Er starb am 5. April 1860 im Alter von 61 Jahren. (Während davon ausgegangen, Martin V. Zoransky heiratete und hatte weitere Kinder, es gibt keine offiziellen Aufzeichnungen anzeigt, um wahr zu sein.)

Quellen:
• Rechts konstytucye s przywileie: Polnisch Reich, s Große. Volume 5 Seite 902
• Die gesetzlichen Eigentumsverhältnisse des Ehe Parteien: Probleme 34-36 von Isidor Loeb Seite 58
• preußischen Adel & Deutsch von Joseph Straszewicz 1835

Nadelverluste in Preußen
_1794 - 1870_

Liste aller feststellbaren Fällen der preußischen Adels vor Gericht persönlichen Verlust erkannt

Wenn im Jahre 1794 erschien das Allgemeine Landrecht für die Preußischen Staaten als eine Art "Grundgesetz" in Preußen, sondern auch der Zustand der Aristokratie mit Rechten und Pflichten zu ihm vorgestellt worden. So wurde beispielsweise festgestellt, dass Ritter Waren nur von Adligen gekauft und verkauft werden, aber nicht durch nicht-edlen Menschen. Nobles war auch über eine bestimmte Ehe Kreis. Haben sie eine Person nicht standesgemäß geheiratet, benötigt sie die Zustimmung des Königs.

Nadelverlustin Preußen 1794 - 1870 Der Adel war somit ein Stand, der gesetzlichen Rahmenrichtlinien gelitten. Die Zugehörigkeit zu diesem Stand war, sondern dynamisch, dh es gab Möglichkeiten, den Zustand zu ändern. Diese

Möglichkeit kann als "soziale Mobilität" beschrieben werden.

Wer sich in der Verwaltung oder im Militär als Nichtadeliger ("Bürger") ausgezeichnet hatte, könnte durch eine Nobilitierung des Königs (bis 1918) in den Adelsstand erhoben werden. Diese Themen erfahren eine Aufwertung ihres Berufes. Es war möglich, die Veredelung von einer oder mehreren Personen. Geboren vor und nach der Veredelung Nachkommen waren in der Regel (wenn nicht eine persönliche Adel verliehen wurde) auch edel. Der Adel geerbt Fortsetzung bei beiden Geschlechtern im Mannesstamm.

Wer hatte seinen Stand erwies sich als unwürdig zu sein, weil er ein Verbrechen (nach früheren Definition) begangen hatte, konnte (bis 1870) aus dem Adel von einem Gericht Überzeugung ausgetragen werden. Der Nadelverlustwar nur möglich, eine Person. Die vor Nadelverlustgeborenen Kinder ihre Adel behielt, wurden die nach der Nadel Verlust geborenen Kinder nichtadelig geboren und blieb es auch mit all ihren Nachkommen. Der Adel geerbt nicht mehr mit diesen Kindern oder jenen Kindern.

Um eine häufig gestellte Frage, die wir hier die gleiche Antwort: Das bedeutet, dass heute nicht edel Unterstützung der Familiennamen hier könnte möglicherweise Nachkommen der einst als Adels Personen und Familien sein. In jedem Fall muss eine Prüfung der Kirchenbücher von Ihnen, um die Abstammung zu bestimmen.

Im Jahr 1870 die entsprechenden Rechtsgrundlagen des Allgemeinen Landrecht wurde im Zuge der Justizreform durch die Vereinigung des Deutschen Reiches aufgehoben und die Nadelverlust in den Strafgesetzen nicht getroffen werden. Nobles, die dann ein "Verbrechen" begangen, blieb edel. Natürlich haben es auch vor 1794 war und nach 1870 "Kriminelle" aus dem Adel, waren sie und werden nicht nur von einem Nadelverlustangegeben. Adel Verluste hat es also nur in Preußen zwischen 1794 und 1870 gegeben.

Es wäre unwissenschaftlich zu behaupten, dass der Adel hatte seine Verbrechen in der Mehrheit verpflichtet ist oder eine "böse" stehen Absolute Vergleichszahlen von denen, die den Adel verloren haben, zu denen, die immer noch angesehen und lebte ohne Tadel, kann nicht ermittelt werden. Zweifellos, aber die Nadelverlust und damit der Delinquent Edelmann blieb die Ausnahme. Ein Beispiel: 1815-1820 gab es 33 Verluste Adel in Preußen mit schätzungsweise 140.000 Menschen in aristokratischen Preußen je. Das wäre ein Anteil von nur rund 0023 Prozent!

Die auf dieser Website genannten Personen haben alle mehrere Merkmale gemeinsam: sie sind, so weit wie es könnte die preußischen Behörden sehen -

und ihre amtliche Datei auf der Grundlage der Informationen, die hier angegeben - zunächst nur festgestellt Adligen, aber der Staat war nicht immer sicher, ob es sich tatsächlich um Adligen.

Adelsverluste in Preußen 1794 bis 1870

Liste aller ermittelbarer Fälle von preußischem gerichtlich erkannten persönlichem Adelsverlust

Als im Jahre 1794 das Allgemeine Landrecht für die preußischen Staaten als eine Art "Grundgesetz" in Preußen erschien, wurde ihn ihm auch der Stand des Adels mit Rechten und Pflichten dargelegt. So war beispielsweise konstatiert worden, daß Rittergüter nur durch Edelleute gekauft und verkauft werden konnten, nicht aber durch nichtadelige Personen. Adelige mußten außerdem einen bestimmten Heiratskreis besitzen. Wollten sie eine nichtstandesgemäße Person ehelichen, so bedurften sie der Genehmigung des König.

Der Adel war also ein Stand, der gesetzlich festgelegte Rahmenrichtlinien hinnehmen mußte. Die Zugehörigkeit zu diesem Stand war aber dynamisch, d.h. es gab Möglichkeiten, den Stand zu wechseln. Diese Möglichkeit kann man mit "sozialer Mobilität" umschreiben.

Wer sich in der Verwaltung oder im Militär als Nichtadeliger ("Bürger") ausgezeichnet hatte, konnte durch eine Nobilitierung des Königs (bis 1918) in den Adelsstand erhoben werden. Diese Personen erfuhren eine Aufwertung ihres Standes. Möglich war die Nobilitierung einer oder mehrere Personen. Die vor und nach der Nobilitierung geborenen Nachkommen wurden in der Regel (wenn kein persönlicher Adel verliehen wurde) ebenfalls adelig. Der Adel vererbte sich in beiderlei Geschlecht im Mannestamm fort.

Wer sich seines Standes als unwürdig erwiesen hatte, weil er (nach damaliger Definition) ein Verbrechen begangen hatte, konnte durch eine gerichtliche Verurteilung (bis 1870) aus dem Adelsstand ausgestoßen werden. Möglich war der Adelsverlust immer nur einer Person. Die vor dem Adelsverlust geborenen Kinder behielten ihren Adel, die nach dem Adelsverlust geborenen Kinder wurden nichtadelig geboren und blieben dies auch mitsamt ihren Nachkommen. Der Adel vererbte sich mit diesen Kindern oder durch diese Kinder nicht mehr.

Um eine uns immer wieder gestellte Frage hier gleich zu beantworten: Das bedeutet, daß heute nichtadelige Träger der nachgenannten Familienamen möglicherweise Nachkommen ehemals adeliger Personen und Familien sein könnten. In jedem Fall muß eine Prüfung der Kirchenbücher durch Sie vorgenommen werden, um die Filiation festzustellen.

Im Jahre 1870 wurde im Zuge der Justizreform durch die Einigung des Deutschen Reiches die entsprechende gesetzliche Grundlage des Allgemeinen Preußischen Landrechts aufgehoben und der Adelsverlust nicht mehr in die Strafgesetze übernommen. Adelige, die danach ein "Verbrechen" begingen, blieben weiter adelig. Natürlich hat es auch vor 1794 und nach 1870 "Verbrecher" aus dem Adel gegeben, sie wurden und werden nur nicht durch einen Adelsverlust kenntlich gemacht. Adelsverluste hat es in Preußen also nur zwischen den Jahren 1794 und 1870 gegeben.

Es wäre unwissenschaftlich zu behaupten, der Adel habe in seiner Mehrzahl Verbrechen begangen oder sei ein "verruchter" Stand. Absolute Vergleichszahlen derjenigen, die den Adel verloren, zu denjenigen, die weiterhin angesehen und ohne Tadel lebten, lassen sich zwar nicht ermitteln. Zweifellos aber blieb der Adelsverlust und damit der straffällig gewordene Edelmann die Ausnahme. Ein Beispiel: 1815-1820 gab es 33 Adelsverluste in Preußen bei schätzungsweise rund 140.000 adeligen Personen in Preußen überhaupt. Das wäre ein Prozentsatz von nur rund 0,023 Prozent!

Die auf dieser Website genannten Personen haben alle mehrere Merkmale gemeinsam: Es sind, soweit es die preußischen Behörden erkennen konnten - und auf deren amtlichen Akten beruhen die hier gemachten Angaben, - zunächst einmal nur Adelige erfaßt worden, wobei sich die Regierung nicht immer sicher war, ob es sich tatsächlich um Adelige handelte.

Man ging jedoch davon aus, daß es sich um Edelleute handelt. Eine fernere Gemeinsamkeit: sie verloren sämtlich ihren Adel für ihre Person wegen eines Deliktes, für das sie von einem ordentlichen preußischen Gericht verurteilt worden waren. Meist haben die Verurteilten zusätzlich noch eine Festungs-, Gefängnis- oder Zuchthausstrafe erhalten, gelegentlich auch eine Geldbuße. Die Delikte bestanden oft in Diebstahl und Betrug, seltener in Hehlerei, Urkundenfälschung, Unzucht oder Vergewaltigung.

Die Einträge sind hier verkürzt wiedergegeben. Jeder Eintrag besitzt jedoch mindestens folgende Auskünfte (bis auf ganz geringe Ausnahmen mit fehlendem Vorname oder fehlender Heimat):

- Vornamen und Nachnamen des Verurteilten
- Jahr, in dem der Adelsverlust eintrat
- Heimat des Verurteilten (es wird eine preußische Provinz genannt)

- Näheres zu den Personalien, Beruf, früherer Werdegang, Beruf des Vaters (Angaben nicht einheitlich vorhanden)
- Delikt, das zum Adelsverlust geführt hat

Strafe, auf die zusätzlich zum Adelsverlust erkannt wurde

Nachstehend als Exempel eines Datenbankeintrags die Daten über den sozialdemokratischen Schriftsteller Johann Baptist v. Schweitzer, dem infolge seiner politischen Auslassungen der Adel aberkannt wurde:

- Jahr des Adelsverlustes: 1866
- Name: Johann Baptist v. Schweitzer
- Heimat: Brandenburg
- Personalia: 32jähriger Literat und Redakteur der Zeitung "Der Sozialdemokrat", Sohn eines noch lebenden Rentiers, vorbestraft wegen Vergehens gegen die Sittlichkeit

- Delikt, das zum Adelsverlust geführt hat: wiederholte Majestätsbeleidigung, Gefährdung des öffentlichen Friedens, Aufforderung zum Ungehorsam, Beleidigung öffentlicher Behörden, Schmähung von Anordnungen der Obrigkeit
- Strafe, auf die zusätzlich zum Adelsverlust erkannt wurde: 1 Jahr Gefängnis und Untersagung der bürgerlichen Ehrenrechte auf 1 Jahr

Quelle zu diesen Angaben: Archiv XYZ, Abt. 00, Akte Nr. 00
Auf Wunsch liefern wir Ihnen die Volleinträge nach obigem Muster für jeden der unten genannten Namen aus unserer Datenbank über preußische Adelsverluste 1794-1870.

Über unsere Datenbankangaben hinaus existiert für fast jeden der über 700 Fälle auch eine Abschrift des Gerichtsurteils. Diese Unterlagen befinden sich jedoch nicht bei uns, sondern in einem deutschen staatlichen Archiv und daher in dessen Eigentum. Diese handschriftlichen Gerichtsurteile enthalten zusätzlich zu den obigen Angaben unserer Datenfelder:

- Weitere persönliche Angaben des Angeklagten
- Tathergang
- Zeugenaussagen
- Datum der Tat
- Ort, Gerichtbezeichnung, Instanz und Datum der Verurteilung
- Urteilsbegründung und gegebenfalls Bestätigung des Königs über dies Urteil

Bei Ihrer Bestellung von Volleinträgen aus unserer Datenbank erhalten Sie von uns alle Hinweise, die Sie benötigen, um gegebenenfalls auch Kopien des Gerichtsurteils zu bestellen!

Falls Sie sich zusätzlich für das Thema "Adelsverlust in Preußen 1794-1870. Grundlagen, Theorien, Anwendung und Praxis der preußischen Adelssuspension" interessieren, so empfehlen wir Ihnen den Besuch unserer Weltnetzseite über <u>Adelsverluste in Preußen</u> innerhalb des Deutschen Gauner-Repertoriums. Der gesamte Aufsatz ist dort kostenfrei im Volltext mit Fußnoten und Quellennachweisungen zugänglich.

Den folgenden Personen wurde nun der Adel in Preußen gerichtlich im Zeitraum 1794-1870 aberkannt:

1794
Wilhelm August Alexander v. der Osten

1797
Franz Ludwig v. Kotteletzki

1802
Gustav Bourdo de la Lande

1803
Ernst Ferdinand v. Waldow
Moysius v. Walther und Cronegk
Carl v. Korytowski

1804
Nicolaus v. Kobierzyki
Frau v. der Goltz a. d. H. Apollwerder, geb. Gräfin Schlieben

1805
Stanislaus v. Zukowski
Charlotte Gräfin v. Dönhoff

1807
Carl Leopold Rudolph Ignaz v. Kesslitz

1808
Carl Gottlob Baron v. Seidlitz
Johann Ludwig v. Wenckstern

1809
Carl Ludwig v. Wolffersdorff
Thaddeus v. Krecki
Michael v. Malotka
Joseph v. Robakowski
Caroline v. Calenberg
Luise v. Haack
Wilhelm Hans v. Bardeleben

1810
Alexander v. Schweinitz
Carl Ludwig v. Eichler

1811
Joseph Carl v. Moeller
Johann Caspar v. Zeddelmann

1812
Heinrich Anton v. Gloeden
Werner Lüdicke v. Massow

1813
Friedrich Leopold v. Auer
Carl Alexander Eduard v. Thümen

1814
N.N. v. Cardel
Joseph v. Grabla-Msczicszewski

1815
Carl Moritz v. Zabeltitz
Georg Anton v. Rohr
N.N. v. Manstein

1816
Joachim Ernst Friedrich Carl v. Boehn
August Franz v. Wobeser
N.N. v. Ganzkow
N.N. v. Lipski

1817

Friedrich Hermann Joseph v. Gaudecker
Ernst George Bernhard v. Zettritz
Carl v. Blomberg

1818

Carl Moritz v. Frankenberg
Johann v. Swiatzinsky
Carl Friedrich Peter v. Genghofen
Adam Friedrich Bernhard v. Vogt
Theodor v. Berger
Juliane Auguste v. Kunowsky

1819

Frau Watteroth geborene v. Zenge
Eduard v. Long
Carl Heinrich Ludwig v. Obstfelder
Carl v. Lübtow
Franz v. Wengierski
Theodor v. Wengierski
Friedrich Maximilian v. Stojentin
Johann v. Mach
Miachael v. Paraski
Ernst Joseph v. Nimptsch
Ludwig Wilhelm v. Freital

1820

Bernhardine Sophie Friederike v. Altrock
Therese v. Spanner
Friedrich Wilhelm Carl Leopold v. Leszinski
Anna Amalie Justine v. Roda
Ludwig v. Bollmann
Martin v. Rojewski
Ludwig Joseph Leopold v. Hamilton
Franz Heinrich v. Viettinghoff
Matthias v. Piechowski
N.N. v. Orzechowski (v. Orzechorowski)

1821

Ferdinand v. Hanstein
Friedrich Wilhelm v. Genghofen
Aurelius v. Brzozowski
Valentin v. Budziszewsky (v. Busziszewski)
N. N. v. Pannewitz
Ernst Friedrich Heinrich v. Bose
Otto Heinrich v. Puttkamer
N. N. v. Nicelli
Friedrich Wilhelm v. Hake
Wilhelm Gustav v. Nikisch
Frau v. Quernheim (v. Quernheimb)
N. N. v. Malokewski

1822

Thaddäus v. Chwaliszewsky
Hermann Ludwig Ferdinand v. Woyna
Wilhelm Erdmann v. Winning
Marten v. Wantoch-Rekowski
Carl August v. L'Estocq
Carl v. Fransky
Franz Friedrich Eduard v. Brzescki
N.N. v. Lezeski

1823

Bonaventura v. Zuchowsky
Friedrich Johann Adem Bonaventura v. Kätzler
Casimir Adalbert v. Mieckowski (v. Mieczkowski)
v. Schaetzel
Carl Ernst Ferdinand v. Faber
Julius Ludwig Conrad Ernst v. Wallenrodt
N.N. v. Carnavalli

1824

Ludwig Friedrich v. Billerbeck
Johann Carl Wilhelm v. Fronhofer
Franz v. Below
Theodor Gabriel v. Wendinsky
August Moritz Carl v. Frankenberg
Carl Friedrich Leopold v. Eck
Eduard v. Lümick
Wilhelm Heinrich v. Pape
Johann v. Zoziennicki
Anton v. Chondzinski

1825

Thomas v. Walicki
Andreas Anton Joseph Frhr. v. Plettenberg
Traugott Heinrich Leopold v. Holy
Ferdinand v. Zastrow
Friedrich Wilhelm Heinrich Erdmann v. Probst
Martin v. Koluctzki
August Wilhelm Constantn v. Pape
Johann Ludwig v. Eck
Ferdinand Szalghary v. Szalger
Carl Hermann Ferdinand v. Alten-Bockum
N. N. v. Wlodeck

1826

Carl v. Meyer
Henriette Sophie Friederike v. Wobeser
Joseph Adam Frhr. v. Gruttschreiber
Jakob August v. Zimietzky (v. Ziemetzky)
Jakob Wnuck v. Lipinski
Friedrich Wilhelm v. Kähle
Moritz v. Cloudt
Friedrich Wilhelm Heinrich v. Keveszeghy
Franz v. Tempski

1827

Ludwig v. Sierakowski
Casimir v. Kobylecki
Anton Frhr. v. Stillfried
Johann Heinrich Eduard v. Lyncken
Carl August v. Zaleswki
Viktoria v. Gowinska
Heinrich Alexander v. Kamcke (Kameke?)
Heinrich Reimerus v. Troßdorff
Hermann v. Stempel
Andreas Joachim Joseph v. Pirch
Adolph v. Usedom
Hipolyt v. Gapski
Eduard Heinrich Leopold v. Eck
Carl Alexander Paul v. Angern

1828
Friedrich v. Schubert
Julius Albert Wilhelm v. Donat
Carl Wilhelm v. Koehring
Friedrich Wilhelm v. Steuben
Johann Joseph v. Palczynski

1829

Friedrich Wilhelm v. Koß
Robert v. Kalinowski
Emil Bernhard v. Bismarck
Franz v. Rosenberg
Luise Wilhelmine Henriette v. Mach
Balthasar Johann Wilhelm v. Bergen
Friedrich Carl Baron v. Bohlen
Johann v. Langendorff
Vincent v. Eysmontt
Peter v. Kielpinski
Johann v. Wichrowski
Heinrich Friedrich Albert Schimmelpfennig v. der Oye
Carl Anton Friedrich v. Pennavaire
Ernst Wilhelm Ludwig Schimmelpfennig v. der Oye
Carl Friedrich Wilhelm v. Plothow
Friedrich v. Kleinsorgen

1830

Wilhelmine v. Ostau-Linski
Carl Heinrich v. Wedell
Heinrich Ludwig Alexander v. Pelkowski
Carl Ludwig Daniel v. Chmielinski
Albert Woyciech v. Zakrzewski

1831

Robert v. Berger
Ulrike Sophie Friederike v. Levetzow (v. Levezau)
Friedrich v. Hellfeld
Hermann v. Alvensleben
Magdalene v. Fragstein
Simplicius v. Wyrzychowski (v. Wyczichowski)
Paul v. Wilkans
Wilhelm August Ferdinand v. Brocke
Friedrich August v. Deter
Theophilus v. Walicki
Eduard v. Kaczkowski
Josef v. Schramm
Johann v. Szczypkowski (v. Szozepkowski)
Hermann Georg Eduard v. Witten
Ludwig Wilhelm Tetzlaff v. Wobeser
Luwdig Wilhelm Christoph vom Hagen
Ignaz v. Laszenski (v. Laszewski)
Otto Jobst Ferdinand v. Mellenthin
Friedrich Wilhelm Franz v. Rosbitzki

Ignatz Maximilian v. Pruski
Hugo Florian Bernhard Heinrich v. Wilmsdorff
Stanislau Heinrich v. Borwitz
Friedrich Wilhelm Heinrich v. Marquardt
N.N. v. Werner

1832
Ferdinand Szalghary v. Szalger
Carl Wilhelm v. Wissel
Heinrich v. Westernhagen
Albert Ignatz v. Zukowsky
Eduard Ernst Heinrich v. Zülow
Carl v. König

1833

George Ludwig Wilhelm Julius v. Stojentin
Julius Adolph Friedrich v. Hartung
Friedrich Wilhelm v. Schlemmer
Heinrich Daniel Schimmelpfennig v. der Oye
Stanislaus v. Rejer
Ignatz v. Wysicki
Ludwig v. Heydebrandt
Moritz v. Hirsch
Carl Friedrich Frhr. v. Buttler

1834

Friedrich August Joseph Hermann v. Graevenitz
Pauline v. Leska
Adolph v. Blankenburg
Martin v. Zoransky

1835
Tobias v. Koeding
Roch v. Dobrzycki
Johann v. Malotki
Friedrich Leopold Stemmer Frhr. v. Stammbach
Anton v. Ossowski

1836
v. Wittkowski
Albrecht v. Prondzynski
Carl Erdmann v. Gaertner
Franz Heinrich v. Koß
Cajetan Laurentius v. Busse
Carl Franz v. Wins
August Emanuel Carl Ferdinand v. Wuntsch
Alexander v. Kierski
Justus Thomas Joseph v. Prusinowsky

1837

Carl v. Bielinski

Joseph v. Zernicki

Friedrich Ferdinand Alexander v. Strombeck

Gottfried Sigismund Wilhelm v. König

Gustav Adolph v. Ponickau und Pilgram

Carl Eugen Louis v. Lilienthal

Somon v. Samek-Gliszynski

Marianna v. Domachowska

Fridolin Emil Maximilian v. Selle

Julius v. Seigneur

1838

Ignatz v. Roznowski
Franz v. Hill
Hugo Casimir v. Roznowski
v. Rohr-Trczynski
Stanislaus v. Pawlowski
Gottfried Sigismund Wilhelm v. König
v. Manstein
Justine v. Strubinska
Robert v. Morstein
Casimir Alexander Wilhelm v. Kalkstein-Oslowski
Carl Friedrich Ferdinand v. Below
Viktor v. Palczynski
N.N. v. Frankhen
Franz v. Lewinski
Leopold v. Badynski
Constantin Alexander v. Siewirski
Arnold v. Meurers
Bernhard v. Meurers

1839

Joseph v. Sulerzycki
Alexander v. Milewski
Jakob v. Wnuck-Lipinski
Marie Friederike v. Zweiffel
Bertha v. Lewinska
Friedrich Wilhelm v. Gerbhardt
Gustav Adolph v. Ponikau
Ewald v. Massow
Ignaz v. Winnicki
Johann Ludwig v. Nostitz-Drzewiecki
Wilhelm Franz v. Zawadski
Ernst v. Peschke

1840

Adolph Stein v. Kamienski
Heinrich Ludwig Alexander Baron v. Vietinghoff genannt v. Scheel (richtig eigentlich: Heinrich Ludwig Alexander v. Vietinghoff)
Alexander Carl Wilhelm v. Starszweski
Otto Hermann v. Stülpnagel
Clementine v. Förster
August v. Kleist
Samuel und Johann v. Pokrzywnicki
Anton v. Penczynski
Heinrich Ernst v. Wolffersdorff
Gotthilf Leberecht v. Karwonsky
August v. Grumbkow
Lukas v. Zakrzewsky
Adalbert Ludwig Gustav v. Natzmer
Xaver v. Grabla-Myszczyszewski
Leonhard Gustav Wilhelm Gans Edler Herr zu Putlitz
Carl Ludwig v. Hülsen

Mathilde v. Kalckstein-Orlowska
Alwin v. Amelunxen
Joseph v. Glowacki
Matthias v. Glowacki
Simon v. Kiedrowski
Georg Ludwig Ferdinand v. Damitz

1841

Valentin v. Loga
Ottocar Titus Tido Tello v. Möllendorff
Florian v. Moraczewsky
Michael v. Pawlowsky
Otto v. Porembski
Wilhelm v. Bock
Wladislaw Hippolyt Anton v. Kositzky
Johann Anton Dionysus v. der Lippe
Heinrich August Ottomar v. Angern
Mathias v. Wensierksi
Johann Wilhelm Carl v. Velten
Saladin v. Elten
Theodor v. Dmuchowski
Johann v. Niesolowski
Marianne v. Niesolowska
Johanna Caroline v. Rozynska
Carl August Herm v. Fink
August v. Eichler

1842

Ignaz v. Glienowiecki
Johann v. Ossowski
Friedrich Isidor v. Hiliton
Adolph v. Gostomski
Carl Wilhelm August v. Eck
Alexander Robert v. Reibnitz
Friedrich Wilhelm August v. Koszyczkowski
Elisabeth v. Moczarska
Konstantin v. Gockowski
Rudolph v. Naviademski
Bernhard Friedrich v. Ekensteen
Carl Ludwig v. Zitzwitz

1843

Paul v. Ossowski
Julius v. Gladis
Balthasar v. Sarnowski
Maximilian Carl Wilhelm Joseph v. Kczewski
Leopold v. Zaiszek
Andreas v. Pubka-Lipinski
Valentin v. Zaleswki
Johann v. Czapiewski
Stanislaus v. Czapiewski
Johann v. Wantoch-Rekowski
Nepumuk Omphrius v. Kurowski
Paul v. Kullass
Richard v. Lepell
Gustav v. Wyssotzki
Guido Emil Bruno v. Münchow

1844

Jakob v. Polczynski

Jakob v. Wensierski

Emil v. Nordeck

Luise Auguste v. Bouché

Adolph Wilhelm Erdmann v. Hacke

Viktor Emanuel Severin v. Zagradzki

Richard v. Raedern

Anton v. Bychowski

Andreas v. Dzierzanowski (1. Adelsverlust, siehe auch 1855!)

1845

August Adolph Theodor v. Gardtel
Caroline v. Zayzeck
Heinrich Joseph Hermann Hugo v. Brandis
Maximilian v. Eisenhart
Julius v. Diebitsch
Hugo v. Heyn
Emil Otto Adalbert v. Witten
Gustav Wilhelm Theodor v. Puttkamer
Alexander v. Arndt
Hermann Friedrich Philipp Graf v. Bredow
Franz v. Zawistowski
Leopold v. Bressendorf
Franz v. Wittkowski
Wilhelm v. Malotki
Friedrich Anton Heinrich v. Somnitz
Max Heinrich Ludwig v. Bohlen
Gustav Eugen v. Gottberg
Ludwig Löwenberger v. Schönholz
Oskar v. Roszinski

Friedrich Heinrich Oswald v. Pfeil

1846

Andreas v. Sulerzycki
Alexander v. Henning
Johann v. Szokalki
Heinrich v. Lüdemann
Heinrich Viktor v. Neumann
Heinrich v. Bünau
Carlfriedrich Ludwig Leopold Eugen
v. Sierakowski
Franz v. Zagiewski
Ignatz v. Lipinski
Franz v. Przyienski
Hieronymus Franz v. Bistram

1847

Joseph v. Genski
Hermann Rudolph v. Barsewisch
Longin v. Palubicki
Josef v. Szymerowski
Johann v. Chamier-Celinski
Philipp v. Zawistowski
Wilhelm v. Kleist
Louis v. Tecklenburg
Alfred v. Wendessen
Moritz v. Goell
Stephan v. Tipinski
Ignatz v. Polizynski
Eugen v. Studzinski
Carl Sigismund v. Knobelsdorff
Vincent Constantin v. Paracki
Ludwig v. Mieroslawski
Wladislaus Eusebius v. Kosinski
Stanislaus Felix v. Sadowski
Severyn v. Elzanowski

Josef v. Puttkammer-Kleszczynski
Apollonius v. Kurowski
Adolph v. Malczewski
Hippolyt v. Trapczynski
Vincent v. Chachulski
Ludwig Anton Stanislaus v. Poleski
Stanislaus v. Radkiewicz
Heinrich v. Poninski
Joseph v. Szoldrski
Franz v. Kobylinski
Joseph v. Zmijewski
Constantin Stanislaus Valentin v. Waleszynski
Stanislaus Elias v. Jenta-Lipinski (Janta-Lipinski)
Alexander v. Neymann
Leopold v. Mieczkowski
Alphons Klemens v. Bialkowski
Romuald v. Gozimirski
Franz v. Gozimirski
Joseph v. Malinowski

Johann Nepomucen v. Tomicki
Erasmus Karl v. Niesiolowski
Nicolaus Thaddeus v. Smolenski
Marcell v. Chraszczewski
Ignaz v. Lebinski
Johann v. Lebinski
Thadeus v. Moszczenski
Thadeus v. Sokolnicki
Thadeus v. Radonski
Wladimir Bartholomeus Ludwig Xaver
v. Wilczynski
Hippolyt v. Szczawinski
Constantin v. Sczaniecki
Stanislaus v. Biesiekierski
Alfons v. Moszczenski
Constantin v. Kowalkowski
Ludwig v. Ostaszewski
Nicodem Joseph v. Kierski
Theophil v. Skrzycki

1848

Wilhelm Heinrich Friedrich v. Boehn

Stanislaus v. Rokitnicki

Rosette v. Lilienhoff-Adelstein

Joseph v. Paraski

Edwin Gustav Alexander v. Schmude

Carl Bogislaw Theodor Graf v. Hacke

Hellmuth v. Below

Alexander Friedrich Leberecht Arthur v. Plotho

Stephan v. Wantoch-Rekowski

Peter v. Wantoch-Rekowski

Adalbert Joseph v. Konopinski

Carl v. Wallis

1849

Johann v. Fragstein
Franz v. Wensierski
Gustav Konstantin v. Quillfeldt
Nikolaus v. Wantoch-Rekowski
Wilhelm Eduard v. Wensierski
Constantin v. Lukowitz
Julius v. Cloedt

1850

Louis v. Plüskow

1851

Hans Heinr. Ludwig v. Werder-Schöndörffer
Hieronymus v. Zabinski
Max v. Kotsch
Gustav v. Kaminietz
Leonhard v. Podjaski
Anton v. Toporski
Emil v. Graevenitz
Joseph v. Gillern
Carl v. Glinksi
Andreas v. Essen
Anglasius v. Glinowiecki
Jakob v. Nessen
Albert v. Skolnicki

1852

Ludwig v. Szalwinski
Rudolph v. Glasenapp
Caesar v. Kiedrowski
Wilhelm v. Greiffenstern
Martin v. Borzestowski
Heinrich Ernst Gottlieb v. Hoff
Apollinar v. Lochocki
Ernst Adolph Kracker v. Schwartzenfeldt
Otto Carl Eduard v. Puttkamer
Gottlieb v. Kleist
Wilhelm v. Zablonski
Alfred Graf v. Maltzahn-Wedell

1853

August v. Iven
Hippolyt v. Wyganowski
Franz Pluto v. Prondzynski
Jakob v. Wnuck
Josephine v. Damitz
Johann v. Burski
Carl Friedrich Sigismund v. Ludwig
Carl v. Blanckenstein
v. Schledorn
Carl Theodor v. Zimmer
Wilhelm v. Glasenapp
Wilhelm v. Tluck
Maria v. Tluck
Franz v. Majewski
Wawrzyn v. Cybulski
Feodor v. Strantz
Albert Friedrich Ludwig v. der Chevallerie
Alexander v. Kampke
Carl Gustav v. Heinecken

1854

Adalbert v. Garnier

Elise v. Eichler

Joseph v. Ostrowicki

Heinrich v. Frankenberg

August Wilhelm Adolph Suin de Boutemard

August v. Löwenklau

Luise Henriette v. Kaminietz

Robert v. Kulessa

Carl August Ferdinand Alex. v. Kahlden-Normann

Joseph v. Frezer

Minna v. Brandt

Boleslaus v. Czaplicki

Johann Theodor v. Wirth

Carl Friedrich Wilhelm v. Massow

Bernhard Berthold Friedrich v. Othegraven

1855

Ignatz v. Gostomski
Matthias v. Gostomski
Edmund v. Pochhammer
Ernst v. Schwedler
Paul v. Loefen
Paul Anastasius Ulrich v. Pawelsz
Eduard Ludwig v. Trepka
Carl August Emil v. Knoblauch
Fritz v. Flemming
Gustav Krieger v. Meinsdorff
Oskar v. Harras
Carl Alexander Philipp v. Loebell
Wilhelm Joseph Adalbert v. Selle
Andreas v. Dzierzanowski (2. Adelsverlust, siehe auch 1844!)
Louis August Richard. v. Owitzki
Franz v. Bielakowski (v. Bilawski)
August v. Prondzynski

1856

Ernst August Friedrich v. Bredow
Albert v. Tempelhoff
Theodosius Rudolph Alexander v. Schmigelsky
Adolph v. Ehrenfeld
Johann v. Malleck
Theodor v. Malleck
Anton v. Domaros
Waldemar Julius Rogalla v. Bieberstein
Carl Jakob v. Kleist
Nepomuk v. Lukowitz
Sophie Auguste v. Siedmogrotzki
Sigismund Otto v. Siedmogrotzki
Amalie Auguste v. Siedmogrotzki
Ludwig v. Unruh
Hieronymus Wilhelm Xaver v. Nolting
Alexander Joseph v. Gallera
Eberhard Paul Heinrich Caspar Frhr. Gans Edler Herr zu Putlitz
Johann Peter Theodor v. Schultz

Malwine v. Badinski
Emil v. Blanckenstein
Franz Adolph v. Pigage
Robert Julius v. Kalckstein-Oslowski
Friederike Auguste Marie Baronesse v. Zedlitz-Neukirch
Johann v. Pokrzywnicki (v. Pokrzewinski)
Gustav Albert Ferdinand Theod. Eltstermann v. Elster
Moritz Friedrich v. Glafey
Max Friedrich Ernst Carl Printz v. Buchau
Friedrich v. Thielmann
Joseph v. Borkowski
Michael v. Lonski
Miachael v. Cieminski
Friedrich Moritz v. Füldner
Ludwig v. Wallis

1857

Oskar Rudolph Hugo v. Reckow
Friedrich Valentin v. Werth
Wentzel Watzlaff v. Podjorski
Johann v. Wnuck-Lipinski
August Leopold v. Pelchrzim
Hans Louis Wilhelm Georg v. Bötticher genannt Rothschild
Franz Anton v. Rolland
Franz George Philipp v. Rottkay
Adolph Friedrich Arthur v. Lützow
Hugo v. Graeve
Carl Wilhelm Ernst v. Stempel
August v. Homeyer
Carl v. Wisiecki
Carl Gustav Leopold v. Mirbach
Anton v. Kopczynski
Ferdinand v. der Heyden
Alexander Max v. Köller
Eduard v. Fluck

Boleslaus Cajetan v. Stablewski
Johann v. Lukowitz
Wilhelm Heinrich Friedrich v. Böhn
Adolph Julius Hermann v. Frankhen
Johann Jakob Bruno v. Busekist
Julius v. Schmude

1858

Hugo v. Köding
Adolph Eduard v. Sydow
Franz Wilhelm Ferdinand v. Sommer
Hugo v. Arnauld
Marie Johanna Caroline Friederike v. Bülow
Heinrich Stach v. Goltzheim
Leopoldine v. Krottnaurer
Ferdinand Theodor v. Cederstolpe
Gustav Wilhelm v. Zschüschen
Oskar Richard Waldemar v. Bonin
Mathilde Pauline Henriette v. Seydlitz-Kurzbach
Ferdinand August Hartwich v. Unwerth
Gustav v. Kossowski
Laurew v. Heugel
Paul v. Below
Appollinar v. Paczewski
Ludwig Max Johann v. Tessen-Wensierski
Onuphrius v. Kiedrowski
Julie v. Eller

Hugo v. Koeding
Eduard v. Steinheil
Theodor v. Schröter

1859

Anna Dorothea v. Trapke
Franz v. Sepinski
Adam v. Gemünden
Franz v. Budziszweski
Hugo v. Alvensleben
August Rudolph Frhr. v. Kittlitz
Ernst Heinrich v. Schwedler
Ferdinand Georg Frhr. v. König
Carl Hermann v. Damnitz
Wladislaus Paul v. Krzesinski
Vincent v. Bojanowski
Carl Ferdinand Heinrich v. Czettritz-Neuhaus
Elisabeth Franziska Ottilie v. Leszweski
Theodor v. Unruh
Ernst Heinrich Ferdinand v. Förster
Luise v. Groß
Carl August Ferdinand v. Hausen

1860

Gustav Adolph v. Lilljeström
Ernst Heinrich Ludwig Gustav v. Seelhorst
Friedrich Wilhelm Arthur Lieberman v. Sonnenberg
Johann Theodor Ferdinand v. Hausen
Franz v. Schick
Ferdinand v. Rekowsky
Roman v. Zaborowski
Karl Georg Ernst v. Bonin
Gustav Albert Eugen v. Bennigsen
Friedrich Wilhelm v. Collany
Friedrich Wilhelm Hermann v. Sichart
Otto Friedrich August Wilhelm v. Mentzing
Luise v. Schwartzenhorn
Moritz v. Fromberg
Friedrich Wilhelm Rudolph v. der Lancken
Friedrich Otto v. Schmeling

1861

Karoline Luise Emilie v. Schellerer
Anton v. Dombrowski
Ferdinand Friedrich Adolph v. Ehrenfeldt
Albrecht Ludwig Reinhard v. Othegraven
Agnes v. Koß
Alexander v. Krafft
Julie v. Schömburg
Martin Heinrich v. Koß
Ludwig Max Johann v. Tessen-Wensierski
Hermann Julius Carl Baron v. Korff
Ludwig Johann v. Wiersbitzki
Leopold v. Meusel
Friedrich Wilhelm Bogislaw v. Below
Friedrich Leopold Stanislaus v. Raczeck
Wladislaus v. Brodzewski
Theodor v. Grassow

1862

Valentin v. Glesczynski

Titus v. Ziemskowski

O. W. W. v. Trotha

Friedrich August v. Hoyne

Georg Ludwig Gustav Ferdinand v. Nordeck

Gustav Hugo v. Ottenfeld

Dorothea Christiane v. Herzberg

Adalbert Alexander Richard v. Pelchrzim

Albert Otto Theodor v. Schmiedeberg

Leopold v. Langheim

L. v. Glembocki

Karl v. Bredow

Ernst Wilhelm v. Müller

Gustav Heinrich v. Krüger

1863

Ignatz v. Chlebowski
Paul Adolf Gustav v. Langen
Albert v. Fragstein
Carl v. Gerszewsky
Gustav v. Lübtow
Karl Gustav Hermann v. Versen
Johann v. Lojewski
Constantin Julius Johann v. Nostitz-Thokarski
Amalie v. Schwandern
Felix v. Tomicki
Friedrich Wilhelm Georg v. Garn. (Garnier?)
Hugo v. Schultz
K. H. R. R. v. Rhein
M. T. v. Carnap
Wilhelm Heinrich Albert v. Gizycki
Julius August v. Döring

1864

Bernhard v. Czarnecki
Karl Ferdinand v. Werden
Rudolph v. Biegeleben
Friedrich Wilhelm Jonathan v. Kornacki
Otto David Julius Wilhelm Ludwig Gerhard v. Below
Theodor Robert v. Dobrowinski
Anton v. Zelewski
Theophil v. Woyski
Vincent v. Mach
Peter v. Malleck
Albert Egmund Helmar v. Wangenheim
Hugo Friedrich Franz Alex. Cunibert v. Karger
Franziska Ludovika Wilhelmine Antonie v. Cederstolpe
Emil v. Othegraven
Ferdinand v. Wnuck-Lipinski
Johann Hippolyt v. Olszweski
Felix August v. Röder

1865

Konstantin v. Markowski
Gustav Wilhelm Wendelin v. Below
Constantin Thaddeus v. Kalckstein-Oslowski
Johanne Sophie v. Carlowitz
Otto Hugo Paul v. Hundt
Michael v. Wnuck-Lipinski
Albrecht Georg Johann v. Frank
Friedrich Anton Alexander Christ. Frhr. v. der Recke
Johann Graf v. Borczestowski
Marcellus Graf v. Borczestowski
Emanuel v. Borrwitz
Johann Albert Konrad Kurt v. Lüdecke
Alexander Emil Julius Friedrich Wilhelm Louis v. Gillhausen
Friedrich v. Szymanowitz
Karoline Amalie Marie Leopoldine Valeska v. Hirschfeld
Julius Alexander Rudolf v. Winterfeldt

1866

Rudolph Otto Johann v. Heine
Arthur August Robert Wilhelm v. Below
Alexander Ernst v. Bila
Leo Graf Finck v. Finckenstein
Ewald v. Mauderode
Marianna Hyazintha v. Graeve
Karl Friedrich Otto v. Sanden
Ottilie Amalie v. Bredow
Bernhard Heinrich Joseph Graf v. Stillfried-Rattonitz
Hans Hermann Theodor Ernst Louis v. Gellhorn
Johann Baptist v. Schweitzer
Gustav v. Bardeleben

1867

Otto Heinrich Rudolf v. Kleist
Emil v. der Lancken
Juliana v. Mach
Stanislau v. Kelpinski
Heinrich Adolph Franz v.?
Friedrich Georg v. Wedell
Ignatz v. Ossowski
Albert v. der Lippe
Jakob Joseph v. Gruchalla-Wensiersky
Alwin Sylvius v. Wolfsburg
Alexander v. Gladiczewski
Alexander v. Chrzanowski
Gustav Eduard v. Auw
Adolph Rudolph v. Friedrichs
Alexis v. Wierzbicki
Carl Ludwig Josef v. Lippa
Hermann v. Borries
August v. Bredow
Pauline v. Adelstein

Carl v. Martial
Julius v. Grumbkow
Casimir v. Lonski
Robert Frhr. v. Vernezobre de Laurieux
Oswald v. Andruchowicz

1868

August v. Klopotteck
Carl Theodor Friedrich Alexander v. Müller
Johann Albert v. Chamier-Zaminsky
Emil v. Schwedler
Hugo v. Klossowski
Felix v. Madeweiß
Johanne Marie v. Hartog
Johann Anton Robert v. Zakrzewsky
Stephan v. Makowski
Nikoline v. Aspern
Arnold v. Woisky
Leopold v. Sikorski
Johann v. Chamier-Gliszynski
Oskar Friedrich v. Göll
Karl Wilhelm v. Wietersheim
Rudolph v. Kalckstein
Martha Berhta Johanna v. Sychowska
Leo v. Mondry-Dombrowski
Johann Anton Jakob Wilhelm v. Szymanowitz

Hugo Ottomar Konstantin v. Rüdiger
Johann Ignatz v. Wyganowski
August v. Flatow
Leopold Nikolaus Carl v. Noel

1869

Sohpie v. Hartmann
Albrecht v. Rüdinger
Carl v. Flatow
Xaver v. Bialkowski
Joseph v. Koß
Julius v. Freiberg
Franz v. Bergen
Louis v. Manteuffel
Carl Friedrich Wilhelm Ernst v. Zastrow
Franz Friedrich v. Lewinski
Julius v. Schmude

1870

Carl Ludwig Zansen gen. v. der Osten
Edwin Hugo Oskar v. Adelstein-Lilienhoff
Udo Ferdinand Erdmann Gustav v. Tempelhoff
Michael v. Majewski
Hugo Richard v. Möllendorff

www.ingramcontent.com/pod-product-compliance
Lightning Source LLC
Chambersburg PA
CBHW032059150426
43194CB00006B/587